Marie-Laure BAYLE

SURVIE EN PLEINE MER

Pour vous en sortir, soyez le plus malin !

MARABOUT

SOMMAIRE

RÈGLES DU JEU

Vous avez sans doute déjà joué à un *escape game* grandeur nature. Le principe de l'*escape game* en format livre est le même, si ce n'est que vous êtes enfermé… dans un livre ! Votre mission : résoudre toutes les énigmes qui vous permettront de vous échapper.

La résolution de chaque jeu vous livrera un nombre correspondant à un numéro de page ; les intrigues ne se déroulant pas de façon linéaire, vous devrez faire fonctionner vos méninges pour découvrir la suite de l'histoire et « sortir » de la situation délicate dans laquelle vous vous trouvez. Équipez-vous d'un papier et d'un crayon : ils vous serviront à résoudre les énigmes, mais aussi à noter des indices qui peuvent vous être utiles plus tard. Observez, rayez, pliez, retournez le livre… Tout est permis ! Si vous séchez et avez peur de finir vos jours coincé entre ces pages, n'hésitez pas à solliciter un indice (page 59) ou à demander la solution (pages 60-63). Bonne chance !

panique à BORD !

Il y a quelque chose de bizarre à bord du *Paradise Queen* ce matin. Un calme inhabituel règne dans les couloirs. Ce n'est pas pour vous déplaire, vous n'en pouviez plus de cette agaçante petite musique qui accompagne le petit déjeuner et les activités du matin… Pas de musique, et pas non plus de parfum de pain chaud ni de café… Ce n'est pas normal ! Le temps semble s'être arrêté…

La salle du périscope ! Ça a toujours été votre endroit préféré dans tous les sous-marins que vous avez eu la chance d'inspecter... Et, si ce n'était le danger qui vous menace tous, vous vous attarderiez volontiers sur cette magnifique machinerie... Un appel de vos collègues vient vous sortir de votre rêverie. C'est Kévin cette fois.

TU EN ES OÙ ? ICI RIEN DE NOUVEAU... À PART QUE MOUSSA NE SE SENT PAS BIEN... C'EST LA PREMIÈRE FOIS QU'IL PLONGE EN SOUS-MARIN. JE LUI AI DIT DE SE REPOSER, ÇA DEVRAIT S'ARRANGER...MAIS FAIS VITE, N'OUBLIE PAS QUE NOS RÉSERVES S'ÉPUISENT !

« Fais, vite, fais vite… »
Plus facile à dire qu'à faire ! Voyons voir…

Enfoncer la porte semblait être une bonne idée, eh bien pas du tout ! Sans la clé, impossible d'actionner l'engrenage ! Cette première roue est impossible à bouger. Mais... Attendez, vous devez pouvoir l'actionner indépendamment des autres. Il vous suffit de trouver jusqu'à quel cran et vous pourrez ouvrir ce satané coffre ! Et partir d'ici une bonne fois pour toutes ! Le jeu a assez duré !

OUVERTURE
7
50
35
27
45
21
10
64
37
8
18
DÉPART

BRAVO !

Vous avez su trouver le code ! Cette heureuse découverte vous met un peu de baume au cœur... mais vous n'avez pas le temps de vous reposer sur vos lauriers, cet endroit est vraiment sordide, et vous étouffez de plus en plus. Bon, la radio est morte et pas de téléphone en vue... Vous essayez plusieurs boutons.

L'un d'entre eux active un message pour le moins étrange.

JE... JE... XCRRKKKR... ROYANGE... NOUS NE POURRONS PAS ALLER AU BOUT... JE VAIS M'EN-DOR... JE VAIS ESSAYER DE ME POSER... SUR LA CÔTE OUEST DE CETTE ÎLE EN FORME DE... ROND... ON EST... EUH, JE NE SAIS PLUS... ON EST ARRIVÉS PAR L'OUEST, ON A CONTINUÉ... NORD... TROIS ROCH... ET PUIS PLEIN SUD... QUE DES ROCHERS AUSSI... PAS TROUVÉ DE QUOI ATTER... CHANGÉ ÎLE VOLCAN... ET PUIS LONGÉ... OUEST... LONGUE ÎLE... TOURNÉ AUTOUR...ANTIHORAI... XCRRKKKR...

Que s'est-il passé dans ce cockpit ? Qu'est-il arrivé à l'auteur de ce message ? Vous faisiez pourtant partie du voyage, mais vos souvenirs sont flous, vous soupçonnez de plus en plus le breuvage que vous a donné à boire le steward d'avoir eu un rôle à jouer dans tout ça... Vous réécoutez le message plus attentivement, en vous concentrant sur chaque mot.

On y parle de trajet, de coordonnées géographiques. Vite, la carte ! Peut-être réussirez-vous à déterminer le chemin qu'a pris l'avion et sur quelle île vous avez atterri ! Allez, encore quelques minutes de concentration et vous pourrez sortir de ce cockpit !

Alors que vous êtes en route, vous entendez la suite du message qui coule toujours à flot (sans mauvais jeu de mots) du haut-parleur.

TIC-TAC, TIC-TAC... VOUS VOUS DEMANDEZ SÛREMENT À QUOI VOUS DEVEZ CE DESTIN FUNESTE ? L'APPÂT DU GAIN ? OH, JE NE CRACHERAIS PAS SUR QUELQUES BILLETS, J'AVOUE... MAIS NON...

Nous voilà dans la cabine du capitaine... Pourquoi a-t-il voulu vous mener ici ? A-t-il laissé des indices avant d'être kidnappé ? Il y a bien un coffre, mais il est fermé par un cadenas... Le code doit forcément se trouver quelque part ! Cherchez partout, retournez la pièce s'il le faut, mais trouvez ce code, le temps presse !

Sur le mur, derrière le coffre-fort, vous apercevez une bibliothèque. Un bref instant, vous vous souvenez que le capitaine vous avait confié que sa collection de livres lui tenait à cœur. À présent vous les avez sous les yeux, ces précieux livres. De quoi parlaient-ils d'ailleurs ?

Oh non, la mer monte ! Évidemment. Maintenant que vous savez où vous êtes, il n'y a pas de doute possible. Sur ce genre de petite île, à cette époque de l'année, sous ces latitudes…

D'après vos recherches et vos connaissances sur le sujet, l'île sera submergée d'ici une heure, voire moins. Il va falloir vous sortir de là au plus vite !

Reprenons : vous n'avez rien trouvé d'intéressant dans le cockpit, rien qui puisse vous permettre d'appeler à l'aide en tout cas…

Ne pas céder à la panique, ne pas céder à la panique ! Vous réajustez vos lunettes, il vous semble avoir vu quelque chose. Mais oui ! Un objet flotte à quelques mètres !

Il est trop loin pour que vous puissiez l'atteindre sans danger. Il vous faudrait une perche, quelque chose de long…

Vous sortez le téléphone de votre poche. S'il appartient bien à la personne à laquelle vous pensez, le code de déverrouillage que vous avez en tête devrait fonctionner. Vous allez pouvoir appeler les secours et leur expliquer où vous êtes. Vous êtes sauvé ! Enfin presque, vous devez encore attendre qu'on vienne vous chercher… en espérant qu'il ne soit pas trop tard… Vous avez déjà de l'eau jusqu'aux chevilles. Quel enfer, cette île !

Vous avez eu chaud… enfin froid ! Vous avez passé un autre sas étonnamment ouvert et vous voilà à présent dans les quartiers des officiers. Vous vous rapprochez doucement mais sûrement de vos collègues qui sont toujours enfermés. À part quelques détails anodins, tout semble absolument normal ici…

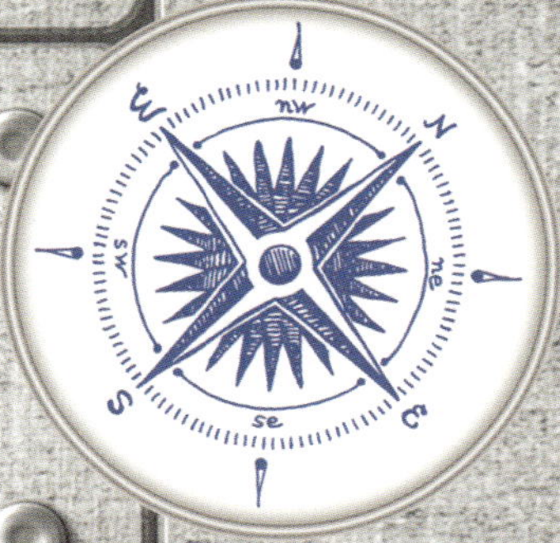

Vous décidez de ne pas vous éterniser dans cette pièce apparemment inoffensive. Mais... le sas qui vous fait face est verrouillé. OK, OK. Ce n'est pas votre premier sas, vous devriez vous en sortir !

Après plusieurs tentatives, vous avez épuisé toutes vos ressources. Mais il semblerait que l'ouverture ne soit pas régie par un système conventionnel...

Vous avez réussi à ouvrir le coffre ! Peut-être que ce qu'il contient va vous éclairer sur le pourquoi du comment. Vous inspectez son contenu : des contrats, des notices techniques... Vous écartez une grande partie des documents, qui ne présentent aucun intérêt. Vous vous apprêtez à tout arrêter quand... Qu'est-ce donc ? Une lettre anonyme !

De quoi menaçait-on le capitaine ? Vous prenez la lettre en main. Zut, certains morceaux se sont décollés. Où sont ceux qui manquent ? Vous remarquez alors une petite clé fichée dans le fond du coffre. Et si vous la tourniez pour découvrir ce qu'il y a en dessous ?

Voilà donc où se cachaient les morceaux manquants ! Décidément, ce coffre recèle bien des trésors. Vous découvrez également dans ce double fond une coupure du *Clairon du Sud*… avec un titre en une plutôt accrocheur. Le capitaine ne doit pas l'avoir gardée par hasard… Vous devez vous dépêcher, vous n'avez plus beaucoup de temps devant vous !

ÉCONOMIE

Nouvelle vie pour le *Paradise Queen*

Le *Paradise Queen* dans le port de Marseille

Le célèbre bateau a été racheté à prix d'or par le géant des croisières NepThune. Une bonne nouvelle pour tous les aficionados de thés dansants et autres croisières thématiques, sans doute un peu ternie par le suicide de son ancien propriétaire, Firmin de Foicèze, notoirement affaibli par des problèmes d'argent dont il accusait publiquement NepThune. Sa fille, Hélène, entendue par la police à ce sujet, a vu sa plainte déboutée…

Il a vraiment tout

Hélène… de Foicèze ? Serait-ce… ?

De l'air ! De l'air ! Vite, vous aidez vos collègues à sortir ! Vous êtes sauvés ! Le *Red Liberty* vous en aura fait voir de toutes les couleurs, et vous comprenez maintenant la raison pour laquelle ce fantasque vaisseau n'a jamais été mis en service !

Vous pourriez lui dire adieu et passer à autre chose, après tout vous avez fait ce pour quoi vous avez été engagé — vous avez quand même failli y laisser votre peau ! Pourtant, vous hésitez à rendre votre rapport…

Qui sait ? Le bateau du facétieux Jannou réserve peut-être d'autres surprises pour ses prochains visiteurs. Il vous faudra donc y retourner, c'est sûr… Néanmoins, pour cette prochaine mission, vous serez, vous vous le jurez, préparé à tout !

Cet objet qui flottait, c'était donc une valise ! Vous vous demandez à qui elle pouvait bien appartenir. Vous l'ouvrez. Vous y trouverez des objets tout ce qu'il y a de plus habituel : des vêtements, des lunettes, un passeport, etc. Vous pensez deviner à qui était ce bagage. Vous ouvrez un cahier. En tombent plusieurs morceaux de papier déchirés et chiffonnés. Voyons voir ce que vous pouvez en faire...

C'est la dernière lettre avant
que je ne vous « d
one mon numéro,
de votre mémoire ma date d'anniversaire !
Faites-vou
« âmes sœurs ».
Bon vent !
de votre téléph
istence, supprimez
ller avec vous;
Cessez de me suivre, oubliez jusqu'à mon ex

N°51
N°40
N°22
N°13
N°18
N°8
N°27
N°1
N°60
N°35

Vos compagnons de voyage n'ont rien trouvé qui pourrait vous aider… Vous voilà maintenant devant un panneau à clés… sans clé ! Quelle poisse ! Hélène est partie avec celle de l'endroit où est enfermé l'équipage, elle a été très claire là-dessus. Mais si vous retrouvez à quelle pièce correspond la clé manquante, vous saurez au moins où est caché l'équipage. Et, quand ce sera le cas, peut-être pourrez-vous enfoncer la porte… Ne perdez pas espoir !

À peine avez-vous posé les pieds dans cette nouvelle partie du sous-marin qu'un appel de vos collègues retentit.

C'EST PAS BON, C'EST VRAIMENT PAS BON. EFFECTIVEMENT, ÇA VEUT DIRE QU'ON A DES PROBLÈMES DE PRESSION... ET QU'IL DOIT Y AVOIR UNE FUITE QUELQUE PART... IL FAUT SORTIR DE CET ENFER AU PLUS VITE.

OK, OK. Encore une « porte » fermée… Évidemment ! Ce sous-marin n'a jamais servi, mais vous reconnaissez bien ici la rigueur militaire de l'endroit… Vous regardez à gauche, puis à droite, plusieurs fois de suite. Tout se ressemble ici. Vraiment ?

Évidemment ! De Foicèze, trente-deux... LN32 est donc la fille de l'armateur. Vous l'avez vue partir vers le pont tout à l'heure, peut-être y est-elle encore ? NON ! Vous arrivez trop tard, Hélène de Foicèze a semé les autres canots et s'apprête à prendre la fuite. Avant de vous abandonner à votre sort, elle vous lance :
C'EST AFFREUX, HEIN, DE SAVOIR QU'ON VA FINIR DANS L'INDIFFÉRENCE LA PLUS TOTALE ? FIGUREZ-VOUS QUE C'EST CE QUI EST ARRIVÉ À MON PÈRE... MAIS VOUS LE SAVEZ DÉJÀ, N'EST-CE PAS ? ÉVIDEMMENT. JE GARDE CETTE CLÉ EN SOUVENIR, C'EST CELLE DE L'ENDROIT OÙ J'AI ENFERMÉ L'ÉQUIPAGE. C'EST BÊTE, IL SUFFISAIT D'UN QUART DE TOUR VERS LA DROITE, JE PENSE QUE LE COMMANDANT AURAIT SU COMMENT VOUS SAUVER... S'IL AVAIT ÉTÉ LIBRE !

PLAN DU BATEAU
PONT
PISCINE
CABINES
RESTAURANT
SALLE DU PERSONNEL
RÉCEPTION
DISCOTHÈQUE
THÉÂTRE
CABINES

Le grand jour est arrivé, vous êtes enfin à bord du *Red Liberty*. Le technicien qui vous a accueilli a mis le pilote automatique avant de partir et de vous souhaiter bonne chance avec un sourire énigmatique. Quant à vous, vous vous êtes partagé le travail : tandis que Kévin et Moussa inspectent la salle des moteurs, vous commencez votre visite par l'autre bout du submersible : la chambre froide... d'une banalité déconcertante. Pour échanger avec votre équipe et pour pallier les fameux « aléas de la traversée », votre talkie-walkie est à portée de main. Ah, le voilà qui bipe justement !

Première surprise ou premier problème ?
Peu importe, vous décidez d'aller les aider, mais... c'est une blague, ce n'est pas possible ! La porte de la chambre froide ne s'ouvre plus, même avec le code indiqué ! Vous aussi êtes retenu prisonnier ! Il ne va pas falloir s'éterniser, car si le système de sécurité a des problèmes, celui de réfrigération est loin d'être bloqué !

ON A UN PROBLÈME ! AUCUNE IDÉE DE CE QU'ON A ACTIVÉ, MAIS ON EST COINCÉS DANS LA SALLE DES MOTEURS, TOUS LES SAS SONT BLOQUÉS...
FIRST OUT
L'AVOCAT, LA CLÉ D'UNE BONNE SANTÉ

Le jour se lève, le soleil transperce l'horizon et vous extirpe d'une nuit sans rêve, froide mais supportable. Le feu est éteint. Vous êtes faible et courbatu, mais un examen rapide vous confirme que vous ne présentez aucune blessure grave, seulement quelques contusions et un mal de tête lancinant qui, heureusement, semble s'estomper peu à peu. Et, surtout, vous êtes en vie !

Vous vous levez, non sans difficulté. Vous faites quelques pas… Vos jambes flageolent, mais, après quelques minutes d'équilibre précaire, vous tenez debout, c'est déjà ça. Courage, vous allez vous en sortir !

Le soleil vous réchauffe un peu, mais vous avez si faim… Mais… Vous n'y aviez pas prêté attention dans l'obscurité (et parce que vous étiez pas mal sonné), mais tout est flou autour de vous… Bien sûr ! Il vous manque un élément indispensable pour y voir clair ! Vous vous mettez en quête de ce précieux accessoire. Voyons voir…

VOUS Y VOYEZ MIEUX À PRÉSENT ?
VOUS EXAMINEZ CE QUE VOUS
TROUVEZ SUR LA PLAGE...
PEUT-ÊTRE ALLEZ-VOUS TROUVER
UN INDICE POUR POURSUIVRE,
QUI SAIT ?

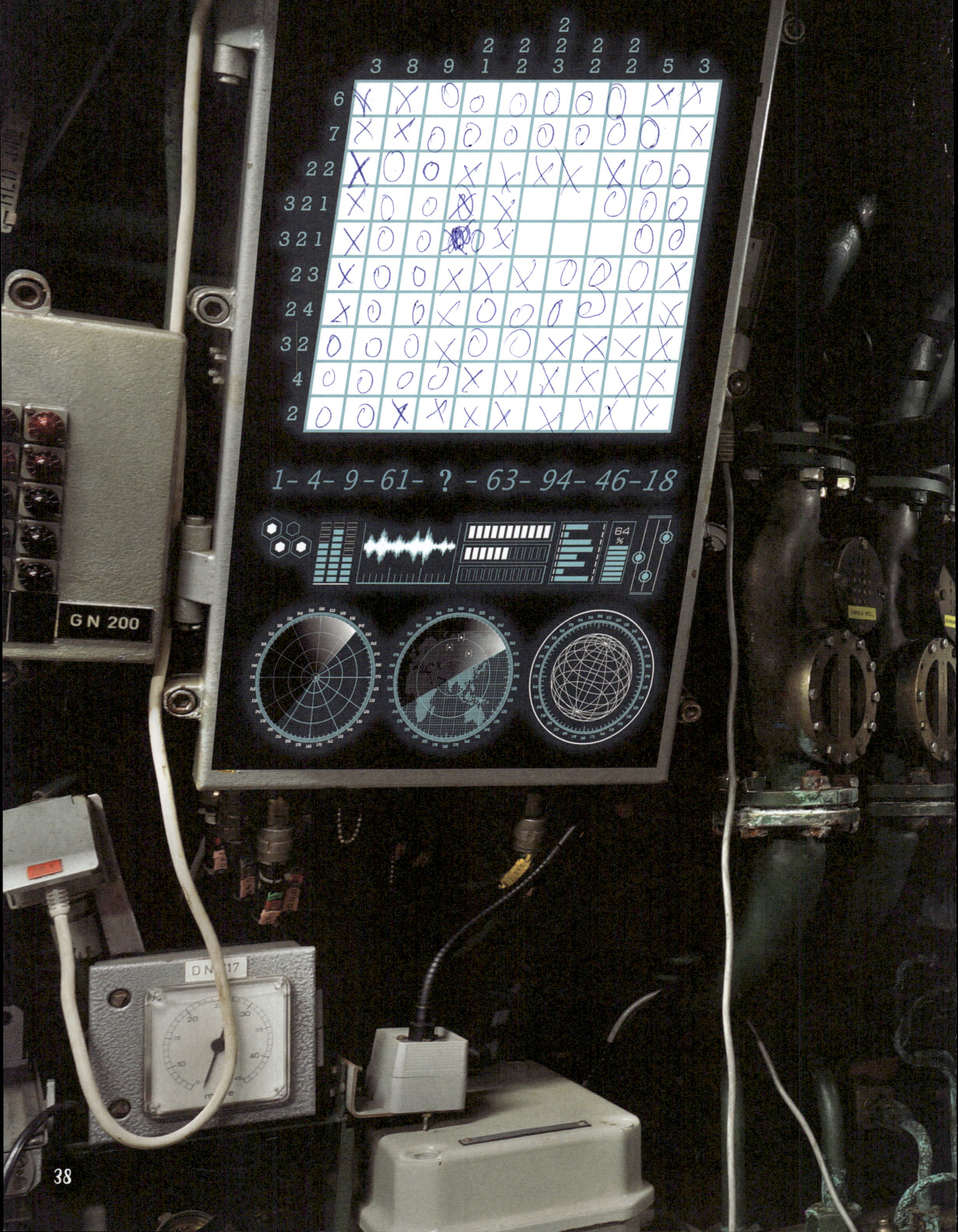
1- 4- 9- 61- ? - 63- 94- 46-18
GN 200

OUF, TE VOILÀ ! J'AI RAREMENT ÉTÉ AUSSI HEUREUX DE VOIR QUELQU'UN ! NOUS SOMMES COINCÉS ICI DEPUIS DES LUSTRES. MAINTENANT QUE TU AS OUVERT LA VOIE, IL FAUT QU'ON TROUVE COMMENT FAIRE REMONTER LE SOUS-MARIN... ALLONS DANS LA SALLE DES MACHINES ! TU SAIS OÙ ELLE SE TROUVE ?

Vous aviez raison, c'est sans doute l'épave de l'avion qui vous apportera des réponses ! Êtes-vous bien sûr de vouloir vous en approcher… de vouloir rentrer à l'intérieur ? Qui sait ce que vous allez y trouver… Mais avez-vous vraiment le choix ?

Le nez de l'avion semble en bon état, ce qui est à l'intérieur l'est peut-être aussi ? Là réside très certainement votre seule chance d'appeler des secours et de vous sortir de cet enfer (cette île est bien loin d'être un paradis !). Vous avez le cœur qui bat la chamade, les jambes qui tremblent d'émotion, mais vous avancez pas à pas, et bientôt vous êtes tout près de la porte – ou du moins de l'espace où elle se trouvait ; il ne reste plus qu'un trou béant, de la tôle arrachée par l'impact de la chute. Vous prenez une grande inspiration et vous entrez…

Vous y êtes, il règne à l'intérieur une odeur insoutenable, un mélange de kérosène et de matériaux brûlés. Vous respirez difficilement à travers un morceau de manche que vous avez arraché. Les corps que vous avez dû enjamber pour entrer ne laissent pas de place au doute : vous seul avez survécu au crash…

Vous fermez les yeux quelques instants pour ne pas défaillir. Dans le cockpit, des objets jonchent le sol, vous les prenez en main, les observez. Ils pourront très certainement vous servir… à condition que vous sachiez voir l'envers des choses.

Il y a aussi un téléphone qui, par chance, fonctionne toujours. À qui appartient-il ? Il vous faut un code à six chiffres pour le débloquer. Vous le glissez dans votre poche, il vous servira probablement plus tard.

Pour notre pylotte préfairé,
te fraires et seures, Keywan, Jacob,
Pasqual, Aglaé, Valma, Sahara,
Fortuna et Zaza qui prend la photo.
AA012345
PASSEPORT INTERNATIONAL
Nom
ROYANGE
Date de naissance
15 décembre 1988
Passeport n°
AA012345
C ROYANGE

CE PETIT ORDINATEUR DE BORD SEMBLE FONCTIONNER, MAIS IL VA VOUS FALLOIR UN CODE...

LES OBJETS QUE VOUS AVEZ TROUVÉS À TERRE POURRAIENT-ILS VOUS APPORTER LA SOLUTION ? IL EST TEMPS D'ÊTRE EN PLEINE CAPACITÉ DE VOS ESPRITS ET DE VOUS CONCENTRER. VOUS DEVEZ AGIR VITE, CAR VOUS N'AVEZ AUCUNEMENT L'INTENTION DE VOUS ÉTERNISER DANS CETTE CARLINGUE SINISTRE !

Bon, la lumière est revenue. Et le haut-parleur entame déjà l'agaçante musique qui accompagne le message matinal enregistré par l'équipage.
Bonjour. Tout l'équipage du *Paradise Queen* vous souhaite une bonne journée. Scroutch, vrrrr, krrrr…
K1000
JEAN-MI
KSANDRA

Mais une autre voix, hésitante, se fait entendre, rompant l'entrain du premier message.
Bonjour... Bondour, je souis vutre capetaine, ze seuis...
Ce message pour le moins surprenant est interrompu par une voix froide et railleuse.
ON NE SAIT PLUS PARLER, STUBBING ? LAISSE TOMBER ! JE VAIS LE FAIRE MOI-MÊME. CHERS AMIS, VOUS ALLEZ TOUS MOURIR. J'AI RÉGLÉ LE CAP SUR LES JOLIES CHOSES BLANCHES ET GLACÉES QUE VOUS APERCEVEZ AU LOIN. VOUS DEVRIEZ LES PERCUTER... EH BIEN, DANS PLUS OU MOINS UNE HEURE. PAS LA PEINE DE VOUS PRÉCIPITER AU POSTE DE COMMANDEMENT, TOUT EST PARFAITEMENT VERROUILLÉ...
Ça ne coûte rien d'aller vérifier... Certains passagers partent faire le tour du bateau. Vous convenez d'un commun accord de tous vous retrouver dans la salle du personnel dans 20 minutes. De votre côté, vous décidez de suivre une piste car le message du capitaine vous trotte dans la tête. Comporterait-il un indice ? Mais oui ! Ça y est, vous savez où vous devez commencer votre enquête...

PIÈGE SOUS-MARIN

Vous l'attendiez tellement ce contrat ! En tant que spécialiste des systèmes de sécurité, travailler sur un monument comme le *Red Liberty*, c'est un vrai privilège. Une supercarte de visite pour la société que vous avez montée avec vos deux collaborateurs et amis Kévin et Moussa. Heureusement qu'il est arrivé ce contrat, la mission commence sous peu… Les « aléas de la traversée » ? C'est bien la première fois que vous lisez une telle phrase dans ce type de contrat de travail. Sans doute pour l'assurance… Ce bateau est une légende dans le milieu, vous avez hâte de commencer !

Vous décidez d'appeler sans attendre vos collègues pour les prévenir ! Oh, mais… Il manque la fin du numéro de Moussa. Hum, vous devriez pouvoir le retrouver.

ACTUS

LA RETRAITE DU *RED LIBERTY*

Les passionnés d'histoire, la grande et la petite, sont aux anges. La semaine prochaine, le port de plaisance de Ploumenech deviendra la nouvelle demeure du *Red Liberty*, célèbre sous-marin conçu pendant la guerre froide par l'excentrique ingénieur Loïc Jannou à qui l'on avait donné carte blanche. Résultat, un bateau célèbre pour ses systèmes de sécurité que d'aucuns qualifient « d'inventifs »... à tel point qu'il n'a jamais effectivement été exploité ! L'endroit est voué à être transformé en musée pour une visite qui s'annonce dors et déjà comme le nouvel incontournable de notre jolie cité balnéaire.

CONTRAT DE TRAVAIL

Contrat de travail entre les soussignés :

La société d'histoire moderne et contemporaine de Plounemech

et son équipe

Et

<écrivez ici votre nom>

Il a été convenu ce qui suit :

Dans le cadre de votre mission, il vous sera demandé de procéder au recensement des systèmes de sécurité du sous-marin *Red Liberty* et à leur mise hors service. Cette mission sera effectuée durant la traversée (en surface) qui mènera le bateau à son nouveau port, où il sera reaffecté à une mission pédagogique (musée flottant).

Cette mission est susceptible d'évoluer selon les aléas de la traversée.

De plus en plus étrange…
Dans la « vraie vie », vous auriez bien essayé d'appeler quelqu'un avec votre téléphone portable… Mais voilà, vous n'êtes pas dans la vraie vie. Vos téléphones, les autres passagers et vous les avez laissés au personnel de bord avant le début de cette « formidable aventure humaine » : la croisière « Détox numérique et reconnexion au monde », un cadeau empoisonné que vous a fait votre tante Marianne.
JEAN-Mi
K1000
KSANDRA

Une femme jeune s'approche de vous et vous montre du doigt le tableau électrique : « C'est à n'y rien comprendre, aucune trace de l'équipage... À cette heure-ci, c'est plutôt inquiétant. Venez, on va déjà essayer de remettre la lumière ici. »

Cela semble dangereux, mais vous prenez votre courage à deux mains et vous la suivez. Vous vous approchez du tableau électrique : voyons voir ce que vous pouvez faire avec ça !

Vous avez libéré l'équipage ! Le capitaine peut reprendre les commandes... Enfin s'il avait repris ses esprits, ce qui n'est pas le cas. Vous ne pourrez donc pas compter sur lui... Pourtant, il y a urgence, vous devez virer de bord immédiatement ! Vous regardez autour de vous et avancez vers les écrans...

0 5 8 2 3 0 0 9 8 7
2 7 1 4 1 6 1 1 5 8
0 3 4 5 8 9 2 6 5 0
5 8 6 3 5 9 0 1 9 2
5 7 6 4 4 1 4 1 3 7
3 2 1 5 3 8 9 4 8 2
9 0 1 2 0 0 7 1 3 9
5 3 4 6 4 1 1 6 0 5
0 0 2 3 0 9 8 7 2 7
MODE
PUMP 1
NAV FULL
FULL
HALF
SLOW
DEAD SLOW
AHEAD

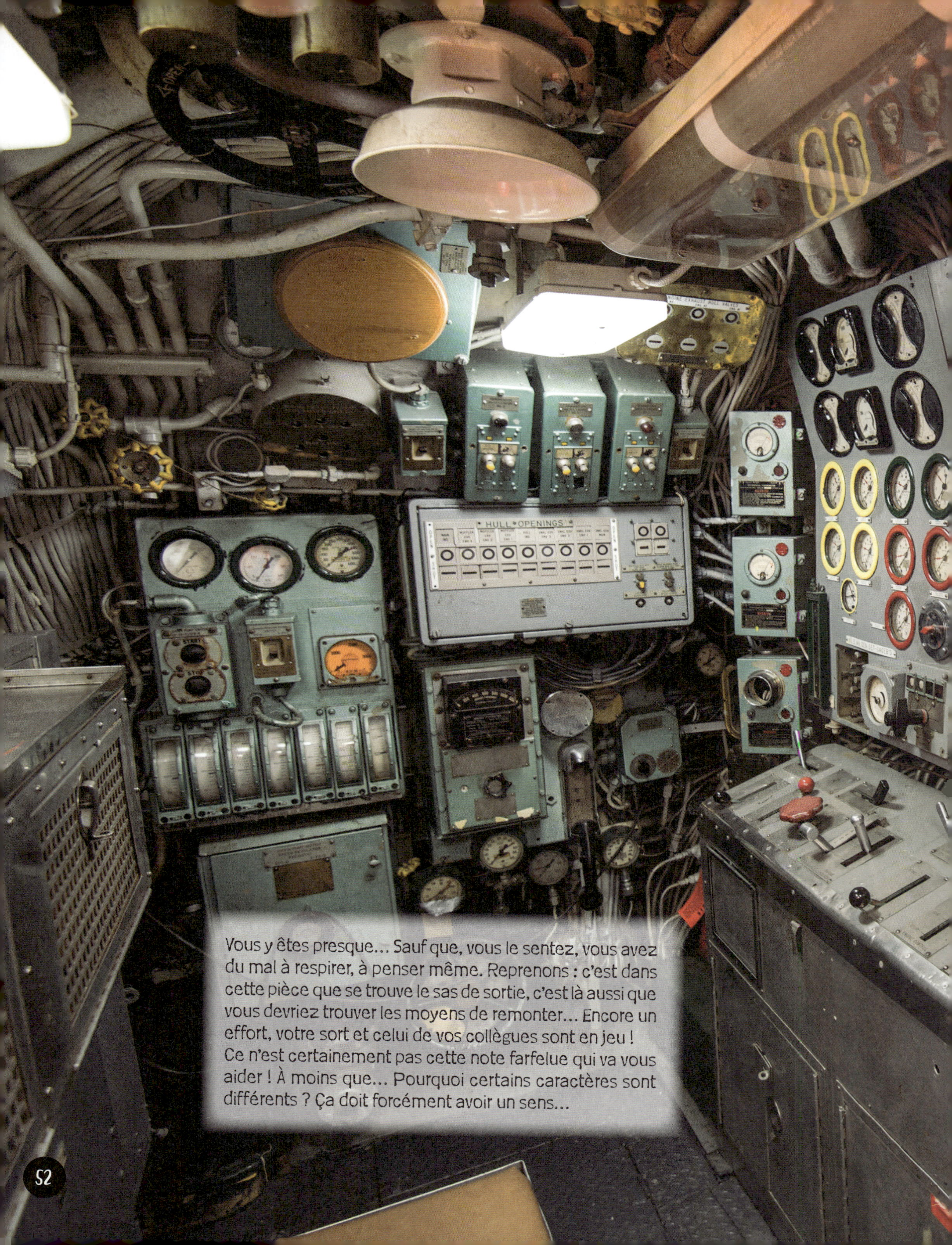

Vous y êtes presque… Sauf que, vous le sentez, vous avez du mal à respirer, à penser même. Reprenons : c'est dans cette pièce que se trouve le sas de sortie, c'est là aussi que vous devriez trouver les moyens de remonter… Encore un effort, votre sort et celui de vos collègues sont en jeu ! Ce n'est certainement pas cette note farfelue qui va vous aider ! À moins que… Pourquoi certains caractères sont différents ? Ça doit forcément avoir un sens…

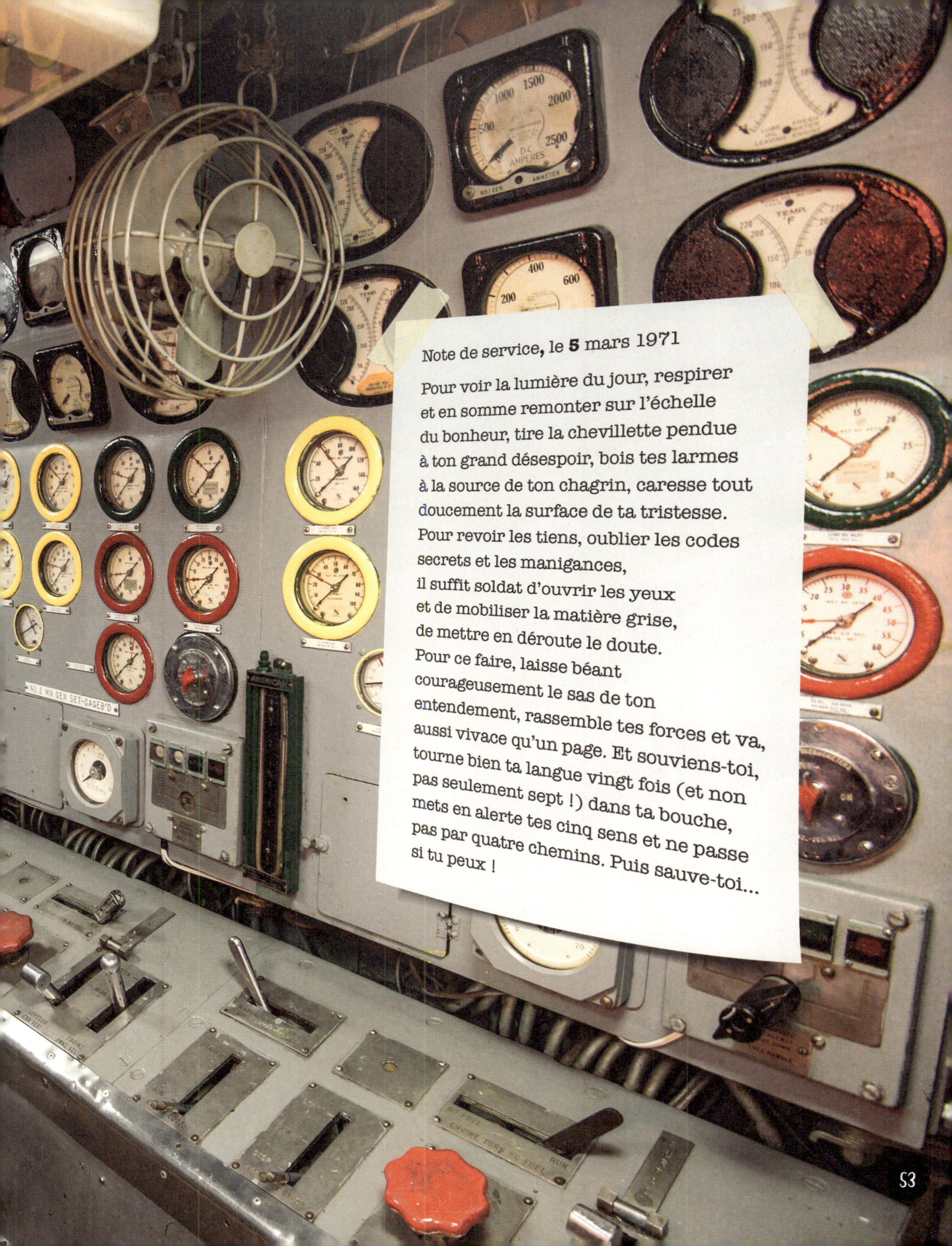

Note de service, le **5** mars 1971

Pour voir la lumière du jour, respirer et en somme remonter sur l'échelle du bonheur, tire la chevillette pendue à ton grand désespoir, bois tes larmes à la source de ton chagrin, caresse tout doucement la surface de ta tristesse.
Pour revoir les tiens, oublier les codes secrets et les manigances,
il suffit soldat d'ouvrir les yeux
et de mobiliser la matière grise,
de mettre en déroute le doute.
Pour ce faire, laisse béant courageusement le sas de ton entendement, rassemble tes forces et va, aussi vivace qu'un page. Et souviens-toi, tourne bien ta langue vingt fois (et non pas seulement sept !) dans ta bouche, mets en alerte tes cinq sens et ne passe pas par quatre chemins. Puis sauve-toi...
si tu peux !

SEUL... SUR LE SABLE

Votre tête... Vous avez si mal... Mais vous ne semblez pas blessé. Où êtes-vous ? Vous sentez une odeur de brûlé, vous apercevez une lueur rougeoyante au loin, le bruit des vagues en fond. Souvenez-vous : vous avez pris ce petit avion privé pour rejoindre le colloque de Kipoun Kalak avec vos deux collègues géographes spécialistes de la région. Où sont-ils à présent ?

De quoi vous souvenez-vous d'autre ? Le confort douillet de la cabine, le steward très empressé, sans doute trop... Ce jus de fruits au goût bizarre qu'il vous a servi... L'amertume, cette désagréable sensation sur vos papilles, dans votre gorge, puis plus rien, le trou noir, aussi noir que la nuit qui ne va pas tarder à vous envelopper si vous ne vous dépêchez pas. Vous n'avez pourtant qu'une seule envie : sombrer dans le sommeil pour oublier ce cauchemar. Mais avant, vous devez trouver de quoi faire un feu, histoire de ne pas mourir gelé pendant la nuit. Vous fouillez vos poches et en tirez un carnet, un crayon... et un briquet ! Vous vous levez à grand-peine et vous vous dirigez vers les quelques arbres qui bordent l'île.

Vous trouvez difficilement du bois sec, mais suffisamment pour passer la nuit au sec, vous l'espérez en tout cas ! Vous vous félicitez d'y arriver sans trop de difficulté et prenez le temps de consigner dans votre carnet votre mésaventure. Vous devez rassembler vos idées et réfléchir à la suite des événements. Votre main est animée par une force invisible, vous gribouillez des formes, frénétiquement, vous ajoutez des numéros. Vous restez prostré devant votre carnet, cherchant une explication, mais vos yeux se font de plus en plus lourds, vous vous pelotonnez aussi près du feu que vous le pouvez. Vous fermez les yeux et vous laissez emporter par le sommeil.

CODE
EDOC 3196
HB = 4 1/2

Bon, vous vous en tirez bien jusque-là, vous ne devriez pas tarder à délivrer vos camarades ! D'ailleurs, que deviennent…

Hé, mais quelle est cette secousse ? Vous avez le cœur bien accroché, mais c'était franchement éprouvant. Qu'est-ce qui se passe encore ? Vous avez une sensation désagréable, quelque chose entre la nausée et le mal de tête. Vous buvez un peu d'eau, respirez… Ça va un peu mieux. Vous décidez d'appeler Kévin et Moussa pour prendre de leurs nouvelles et avoir leurs impressions. C'est Moussa qui répond d'une voix blanche.

ÇA NE S'ARRANGE PAS DE NOTRE CÔTÉ. COMME TU AS DÛ LE SENTIR, NOUS SOMMES EN TRAIN DE PLONGER… TOUT DEVRAIT BIEN SE PASSER, C'EST UN SOUS-MARIN APRÈS TOUT… MAIS QUI N'A JAMAIS ÉTÉ SOUS L'EAU…

Le ton de votre collègue n'était guère optimiste... Il faut que vous quittiez cette prison aquatique, mais avant vous devez sortir de ce couloir ! Vite ! Vous vous en doutiez, la porte est verrouillée...

S.--.O---U-.S.--. - M.-A-.-R...I..N.-.
R...E..D-... L-..I..B--E..R...T-Y..-

Vous êtes sauvés ! Direction le port le plus proche ! La déconnexion, c'est fini pour vous ! Les croisières Nep-Thune aussi ! Qui sait où est Hélène et si son père sera vengé... Qu'importe ! Ce n'est plus votre problème !

INDICES

Page 5

Le temps s'est-il vraiment arrêté ?

Pages 6-7

Quel est ce code mystérieux inscrit sur le périscope ? Peut-on retrouver ces formes ailleurs dans cette pièce ?

Pages 8-9

Examinez bien les créneaux de la roue finale, vous n'avez peut-être pas besoin de compter tous les créneaux.

Pages 10-11

Il faut bien écouter le message. Retracer les derniers moments de l'avion peut vous être utile.

Pages 12-13

Qu'y a-t-il derrière cette porte ?

Pages 14-15

Belle bibliothèque… mais peu conventionnelle ! Examinez attentivement les titres des livres, ils vous aideront peut-être à trouver un indice.

Pages 20-21

Les portes en général, ce n'est pas fait pour rester statique. Pour bouger celle-là, mieux vaut respecter les instructions et dans le bon ordre.

Pages 28-29

Un peu de rangement s'impose !

Pages 30-31

Un jeu qui vous rappellera votre enfance à tous les coups !

Pages 34-35

Le code ne fonctionne pas… Peut-être faut-il une clé pour l'actualiser ? Vous l'avez ? Essayez de la vocaliser, cela vous mettra peut-être sur la voie.

Pages 36-37

Pour y voir plus clair, vous avez besoin d'un élément indispensable… et entier ! Pour trouver comment faire cette « mise au point », peut-être pouvez-vous vous aider d'autres objets cassés ?

Pages 38-39

Si le deuxième écran vous pose souci, regardez la suite de chiffres de l'autre sens…

Pages 40-41

Ce que ces objets ont d'intéressant n'est peut-être pas visible tel quel…

Pages 42-43

Il y a forcément un lien entre la note laissée page 41, cette photo, ce qu'il y a écrit derrière… et le code à trouver.

Pages 44-45

Le message du capitaine est étrange, vous n'aviez pas remarqué qu'il avait un défaut de prononciation…

Pages 46-47

Supprimez le 06 du numéro de Kévin et séparez-le en deux… Vous devriez en saisir la logique et pouvoir l'appliquer au numéro de Moussa.

Pages 48-49

Ne vous perdez pas en conjectures ! Que voulez-vous rallumer avant toute chose ? C'est sans doute par là qu'il faut commencer.

Pages 52-53

La virgule et le 5 devraient vous mettre sur la voie. Quand vous aurez saisi la règle, simple et à appliquer sans réfléchir, attention à ne pas en inventer d'autres qui pourraient vous détourner de votre chemin !

Pages 54-55

Ce crayon que vous avez trouvé dans votre poche dessinera la route à suivre…

Pages 56-57

Prêtez bien attention au décor : ces « ronds » et ces « barres » ne vous rappellent-ils pas quelque chose ?

SOLUTIONS

Page 5

À votre montre, il est 9 h 18, à l'horloge du couloir 8 h 30. Cette dernière s'est donc éteinte il y a 48 minutes.

Pages 6-7

Les lettres dans les ronds à droite fournissent la clé de décryptage du code inscrit sur le périscope. Chaque lettre est enfermée dans une forme dédiée et c'est cette forme (sans le tour du rond) qui le représente. On peut donc lire trente-huit (38).

Pages 8-9

Si vous examinez la roue permettant l'ouverture du sas, vous constatez qu'il n'y a que deux numéros possibles. Il faut donc simplement déterminer le sens de rotation de cette dernière roue. La réponse est 50.

Pages 10-11

En écoutant bien le message, on peut dessiner le parcours qu'a effectué l'avion avant de s'écraser, qui dessine le nombre 16.

Pages 12-15

Ouvrez l'armoire et observez l'intérieur de la bibliothèque. Les titres livrent un indice quand on assemble les lettres qui manquent sur les dos des livres : « Dans les pliures du bois réside la voie. » Le nombre zéro est formé par le tapis et le 23 est donc visible dans le bois de l'armoire ; on le fait apparaître en pliant la page 13 sur elle-même.

Pages 16-17

En assemblant correctement les pièces d'avion, vous pouvez atteindre cet objet mystérieux... que sont les lunettes, et ainsi faire apparaître cette opération : 1 + 4 x 7 – 3. 26, donc !

Pages 19-22

Il s'agit ici de plier la page d'une certaine façon et dans un certain ordre. Pour le réaliser, il faut bien lire la phrase inscrite sur la porte du sas et réaliser les pliages vers le N (pour nord) dans cet ordre : saphir (bleu), rubis (rouge), émeraude (vert) et onyx (noir), qui correspondent aux couleurs des boussoles aux quatre coins de la page (comme les quatre coins du globe). Apparaît alors un numéro de page : 56.

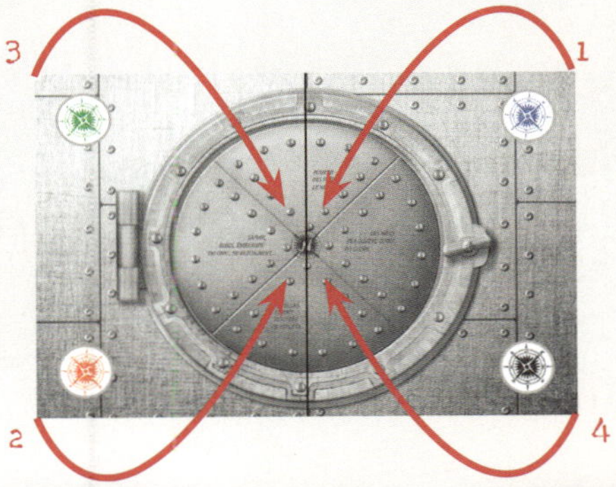

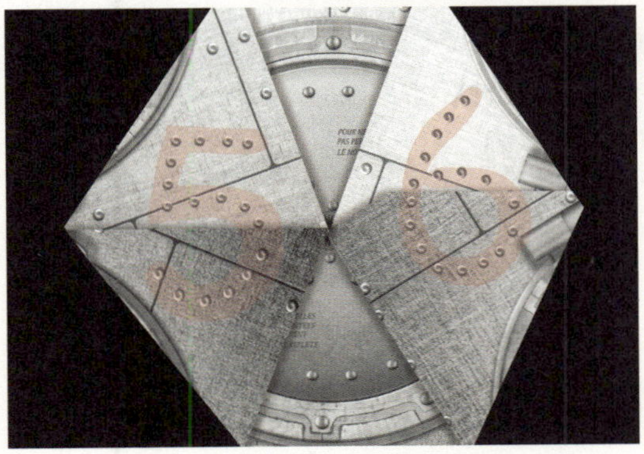

Pages 23-24

Pour trouver tous les morceaux, il vous faut retourner la page. Voilà la lettre complète : ACCEPTER DE COMMANDER LE *PARADISE QUEEN*, C'EST VOUS RENDRE COMPLICE D'UN CRIME ET VOUS LE SAVEZ BIEN. RENONCEZ ET VOUS AUREZ LA VIE SAUVE, SINON VOUS MOURREZ DANS L'INDIFFÉRENCE LA PLUS TOTALE COMME SON CRÉATEUR.

On comprend la teneur du crime en lisant la coupure de presse. Le capitaine n'a pas cédé aux menaces et quelqu'un les aura mises à exécution... mais qui ? La fille, Hélène de Foicèze... 2 x 16... LN32, comme son pseudo. 32, donc !

Pages 26-27

Voici la lettre recomposée :

C'est la dernière lettre avant que je ne vous « déchire le cœur » en portant plainte. J'ai demandé à ne plus travailler avec vous ; Cessez de me suivre, oubliez jusqu'à mon existence, supprimez de votre téléphone mon numéro, de votre mémoire ma date d'anniversaire !

Faites-vous soigner, nous ne sommes pas « promis » ni « âmes sœurs ».

Bon vent !

Céleste Royange

En réunissant toutes les lettres situées près des déchirures, on trouve dix-huit (18).

Pages 28-29

Si vous rangez chaque clé à sa place, vous constaterez qu'un emplacement reste vide, celui du coffre-fort : le n° 8.

Pages 30-31

Il s'agit de trouver les six différences entre les deux côtés de la page en miroir, donc la solution est le chiffre 6.

Pages 32-33

Pour vous rendre à la salle du personnel, vous devez suivre le chemin indiqué par les signes sur le côté gauche du plan à la verticale en partant du haut. Suivez les flèches à partir de l'emplacement marqué PONT (là où vous vous trouvez) et vous formerez le nombre 28, votre prochaine destination.

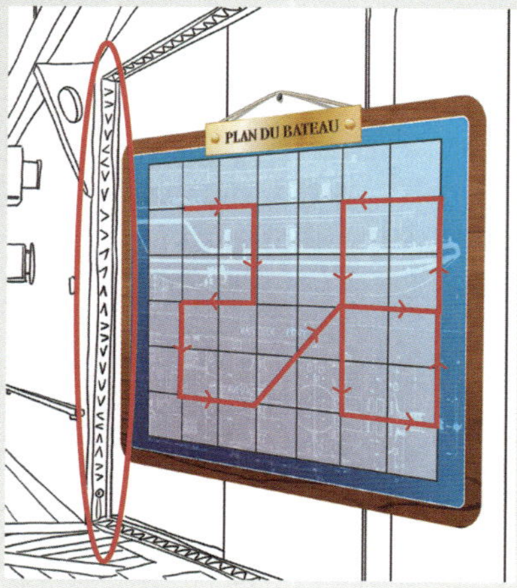

Pages 34-35

La clé, comme le dit l'affiche, c'est l'avocat. Comprenez « A vaut K » (B vaut L, C vaut M, etc.). Grâce à ce code, vous pouvez transposer le code FSXQD en VINGT (20).

Pages 36-37

En pliant de manière adéquate la page 37, vous réunirez les deux parties de vos lunettes et, ce faisant, des morceaux de la carlingue de l'avion sur laquelle vous pourrez lire « XL », ce qui en chiffres arabes donne 40.

Pages 38-39

Dans le premier écran, il faut noircir les carrés selon les indications inscrites à côté des lignes et des colonnes, à la façon d'un *picross* (ou *hanjie* en japonais). Si, par exemple, deux chiffres 2 sont présents en haut d'une colonne, on saura que cette dernière comporte deux fois deux cases noircies, séparées par au moins une case blanche. Par un jeu déduction et de recoupement entre les lignes et les colonnes, on découvre au fur et à mesure la forme qui se dessine. Ici, il s'agit de la lettre P (pour « page ») en négatif.

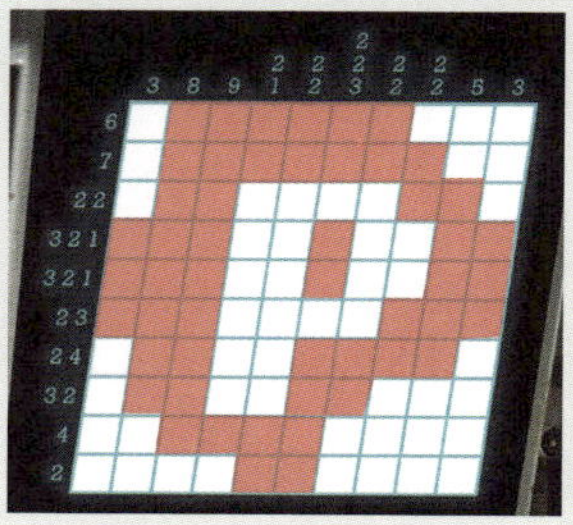

La ligne suivante est une suite logique de carrés inversés : 61 correspond à 16 (4 x 4), 63 à 36 (6 x 6)... Le nombre manquant est donc 52 (soit 25, le carré de 5).

Pages 40-43

Tournez la page pour avoir accès à l'envers des objets. Comme le laisse entendre la note de la page 41, les lettres qui composent le code à trouver ne font pas partie des prénoms de la famille Royange. Si on exclut de l'alphabet celles qui composent leur prénom, il reste les lettres D, I et X (10).

Pages 44-45

Le message du capitaine comporte évidemment un indice. Il sait parfaitement articuler, il le prouve par son premier « bonjour ». Dès lors, les lettres parasites qu'il laisse traîner çà et là ne sont qu'intentionnelles et, mises bout à bout, forment le nombre 12 (D, O, U, Z, E).

Pages 46-47

En observant le numéro de Kévin (sans le 06), on repère une symétrie, qu'il faut appliquer sur le numéro de Moussa. Les deux premiers chiffres s'additionnent pour donner le troisième, et le quatrième est le même que le premier. Même démarche en miroir pour la seconde moitié du numéro. Le numéro manquant est donc 34 (3 + 4 = 7).

Pages 48-49

Si vous suivez scrupuleusement les instructions pour rallumer les lumières du restaurant et reliez les « ON », vous formerez le numéro de la page suivante : 44.

Pages 50-51

Il vous faut agir sur les deux écrans présents sur chacune des pages. Observez bien la pièce : vous y découvrez les chiffres 4, 1 et 6 sur un petit écran. Grisez les lettres qui composent ces nombres sur l'écran de gauche, puis ces mêmes chiffres sur l'écran de droite. Vous obtiendrez 58.

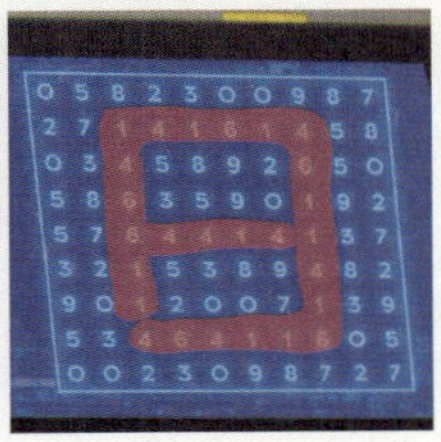

Pages 52-53

La virgule et le chiffre en gras livrent la clé de décryptage : il faut extraire tous les mots situés à la cinquième place après chaque virgule pour former une phrase. Ci-dessous, en gras, les mots à relever.

Note de service, le 5 mars 1971

Pour voir la lumière du jour, respirer et en somme **remonter** sur l'échelle du bonheur, tire la chevillette pendue **à** ton grand désespoir, bois tes larmes à **la** source de ton chagrin, caresse tout doucement la **surface** de ta tristesse. Pour revoir les tiens, oublier les codes secrets **et** les manigances, il suffit soldat d'**ouvrir** les yeux et de mobiliser la matière grise, de mettre en déroute **le** doute. Pour ce faire, laisse béant courageusement le **sas** de ton entendement, rassemble tes forces et **va**, aussi vivace qu'un **page**. Et souviens-toi, tourne bien ta langue **vingt** fois (et non pas seulement sept !) dans ta bouche, mets en alerte tes **cinq** sens et ne passe pas par quatre chemins. Puis sauve-toi… si tu peux !

Loïc Jannou

Ce qui donne la phrase suivante : « Pour remonter à la surface et ouvrir le sas, va page vingt-cinq. »

Pages 54-55

Il suffit ici de relever les chiffres présents sur le crayon (EDOC=CODE), puis de les noircir pour obtenir le nombre 36.

Pages 56-57

Ici, il faut tout d'abord bien lire le panneau indiquant SOUS-MARIN *RED LIBERTY*. Vous remarquerez qu'à chaque lettre correspond un code composé de points et de barres, à la manière du morse. Observez ensuite le décor et vous y verrez, de gauche à droite et de haut en bas, des ronds et des traits, formés par l'échelle, les hublots et les boulons. En transcrivant le tout en lettres, vous obtiendrez TRENTE (30).

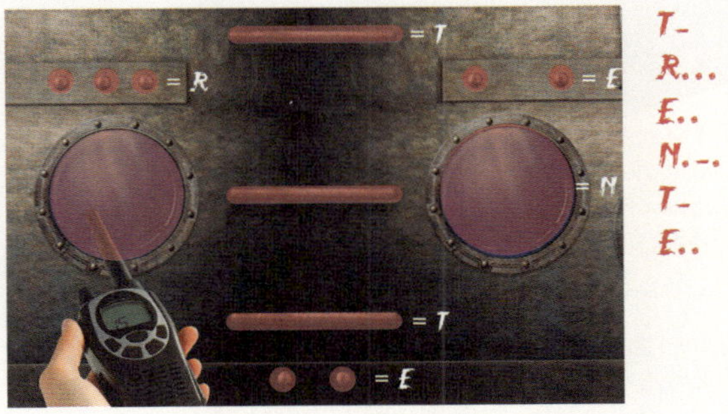

Suivi éditorial : Élise Lejeune
Relecture : La Machine à mots
Création graphique : K'naye
Illustrations p.32-33, 36-37, 44-45, 48 et 54-55 : © K'naye

Imprimé par Grafo en Espagne en mars 2020
Pour le compte des éditions Hachette Livre (Marabout)
58, rue Jean Bleuzen, 92170 Vanves
Dépôt légal : mai 2020
ISBN : 978-2-501-15296-9
4369459